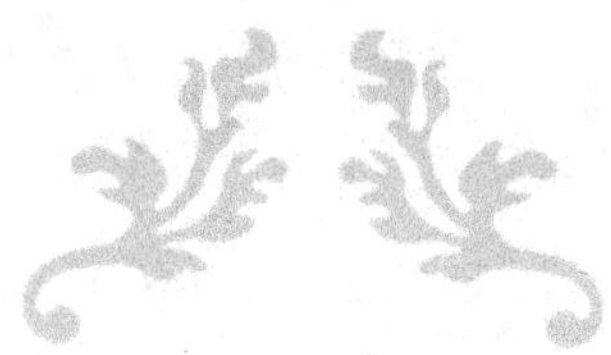

12 ETUDES FOR GUITAR

Cosimo Rossetti

Level: Intermediate/Advanced

Svizzera

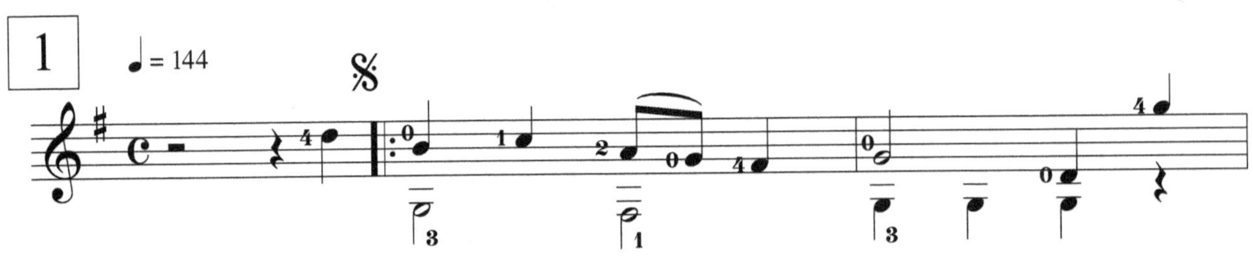

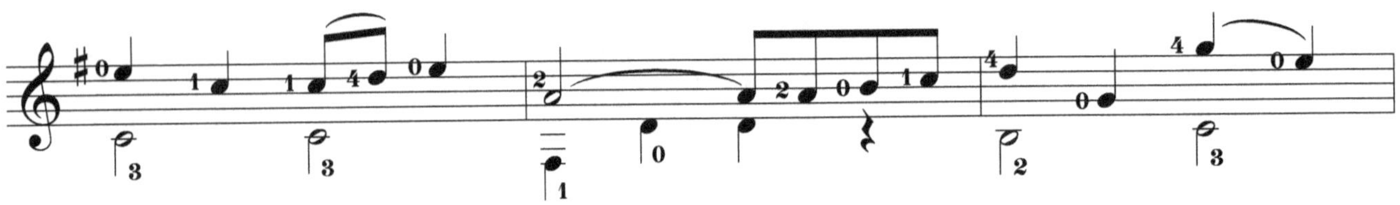

C II
C II
D.S. al Fine

Russia

Germania

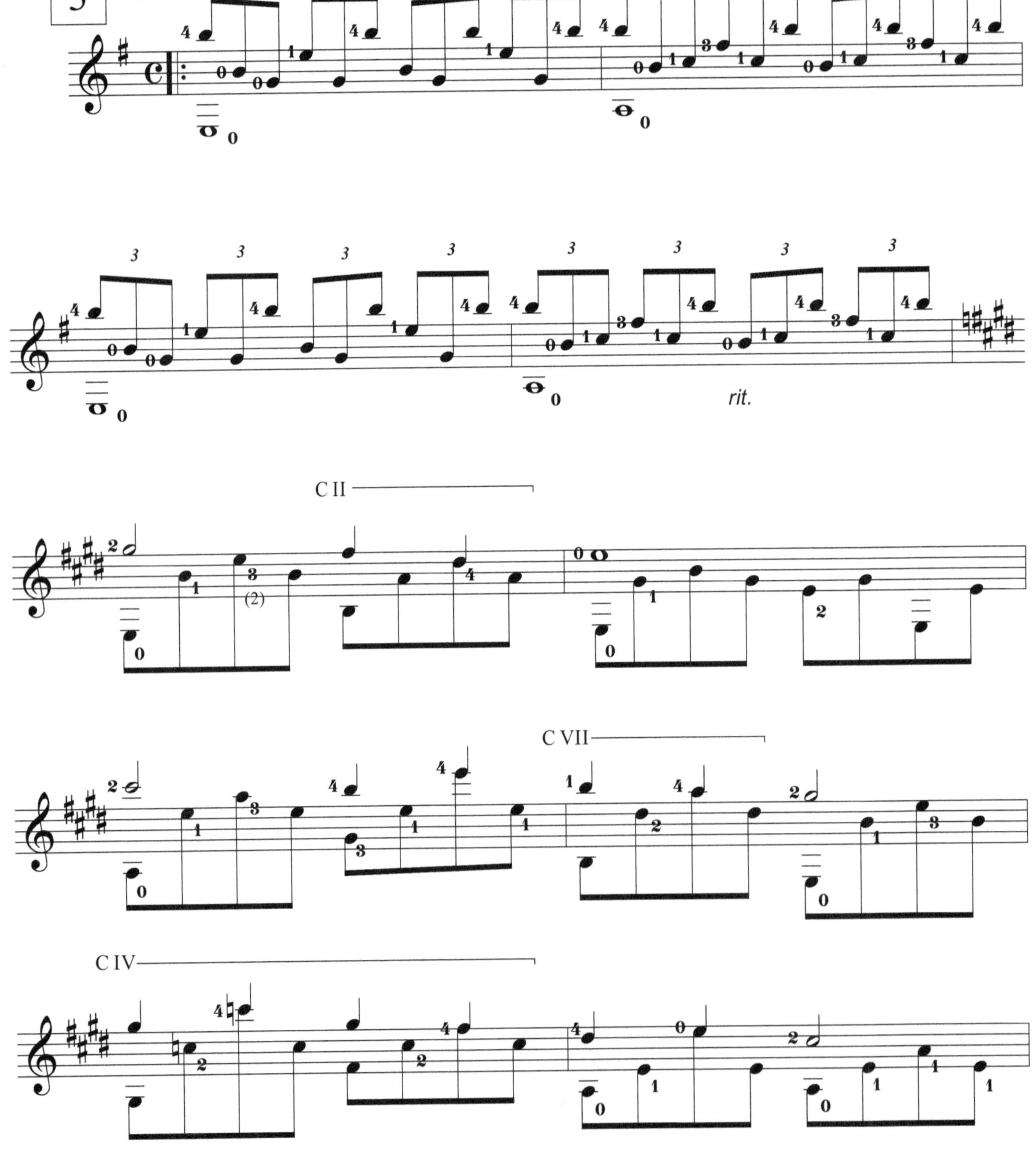

C IV
C II
C VII
C VIII
C II
1
2
rit.
rit.

Scozia

Polonia

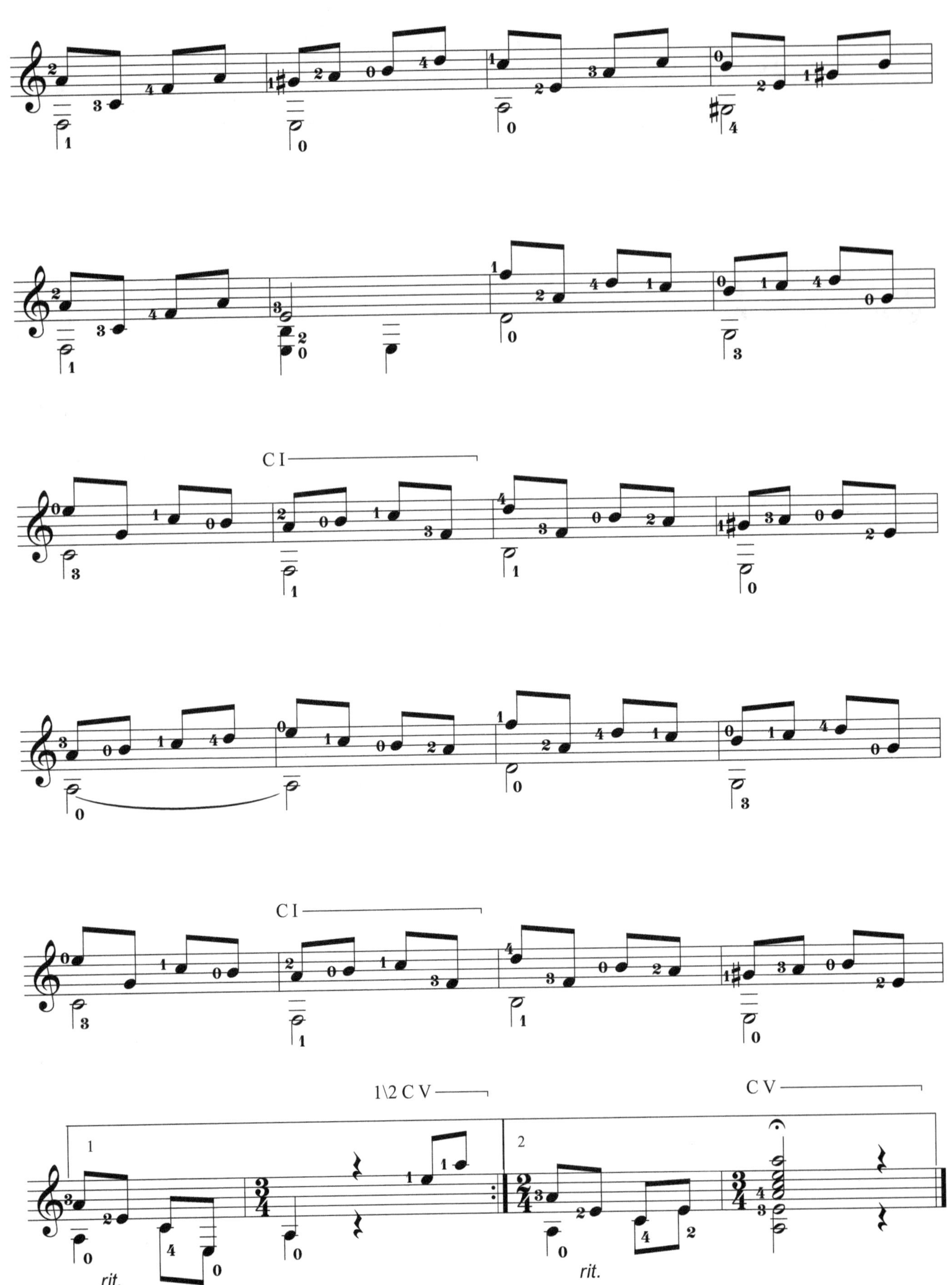

Ungheria

1\2 C I
1\2 C I
C I
C I
C I
C I
C I
rit.
a tempo
(3)
3/4
3/4

Portogallo

Italia

Cina

III
VII
(2)
1\2 C III
(2)
rit.

Svezia

In Viaggio

CI
CIII
CI
rit.
a tempo
CI
CI
CVI
CIII
(3)
CI
CI
CIV
CVIII
rit.
(opp. C-)
CIV
CVIII
rit.

Austria

C II
rit.
C II
C II
C II
C II
C II
C II
C II
Coda
D.S. al
poi coda
rit.